BAYARD,

OU

LE CHEVALIER SANS PEUR ET SANS REPROCHE,

COMÉDIE HÉROIQUE EN TROIS ACTES ET EN VERS,

AVEC SPECTACLE ET PANTOMIME.

PAR MONSIEUR M**. DE P**Y.

[Par Maurin de Pompigny]

Prix, vingt-quatre sols.

A PARIS,
Chez CAILLEAU, Imprimeur-Libraire, rue Galande,
No. 64.

M. DCC. LXXXVII.

AVERTISSEMENT.

LORSQUE le Patriote Dubelloy traça la plan de Gaston & Bayard, il dut abandonner, avec bien du regret, plusieurs grands traits de la vie du Chevalier sans peur & sans reproche, qui ne pouvoient entrer dans la composition de sa Tragédie. C'est en relisant (il y a près de cinq ans) l'Histoire de ce Parangon des Preux, que je pensai que tant de beaux traits, rassemblés & présentés sous un point de vue, pourroient former des tableaux aussi nobles qu'intéressants; mais, pénétré de la leçon d'Horace, *quid valeant humeri*, &c. je n'osai m'élever jusqu'à la hauteur du Drame Héroïque : je tentai seulement de tracer, dans une action Théatrale, le portrait de ce bon & loyal Chevalier.

Ce petit Ouvrage alloit paroître sur le Théatre, lorsque Messieurs les Comédiens Français annoncèrent qu'ils se disposoient à jouer *les Amours de Bayard*, & demandèrent la suppression de mon Poème. Il fallut céder au droit d'ancienneté. Je m'en consolai en applaudissant, avec tout le Public, aux travaux de M. Monvel & aux soins des Acteurs dans l'exécution de sa Piéce. Mais une imputation aussi fausse qu'injurieuse est venue troubler ma tranquillité; on a osé m'accuser clandestinement d'avoir *pillé* l'Ouvrage de M. Monvel: que répondre? Faire imprimer ma Pièce après la Représentation du Drame Héroïque, & rendre le Public juge de la vérité.

Je sais que l'Auteur des Amours de Bayard est trop honnête & trop juste pour avoir hasardé cette imputation; & il doit me croire trop délicat pour la mériter, & trop prudent pour lutter avec lui dans une carrière d'où il est sorti tant de fois vainqueur.

Il est vrai que les traits de la Vie de Bayard, étant consacrés par l'Histoire, appartiennent à tout le monde, & qu'il est permis à tout Auteur de les traiter: mais, comme dit la chanson:

Tout consiste dans la manière & dans le goût.

DÉCORATION.

Le Théatre représente l'intérieur de la Ville de Voghère, du côté d'une porte qu'on apperçoit dans l'enfoncement, ainsi qu'une partie des remparts. Sur l'aîle droite (*à la vue des Spectateurs*) & vers le fond, est *une double tour* qui sert de Citadelle à la Ville; l'entrée de cette tour est défendue par un fossé & un pont-levis, sur le devant duquel est une barricade. Des deux côtés du Théatre sont des maisons séparées par des arbres; ce qui forme une espèce de place d'armes devant la porte de la Ville & de la Citadelle. Dans le nombre de ces maisons, celle de Cardova est un peu plus saillante, tout-à-fait sur le devant du Théatre, à gauche (*toujours à la vue des Spectateurs*); de façon que la porte fait presque face au Public; à côté de la porte est un banc ombragé par un arbre.

Ouverture (*avant le lever du rideau*). Musique tendre mêlee de bruit de guerre

LEVER du rideau. (*Il est six heures du matin au mois de Mai*, en Italie). Tambour. Marche guerrière.

(*Pendant la marche*).

On baisse le pont-levis de la Citadelle ; six hommes d'armes en sortent, & y posent une sentinelle. Ils vont ensuite ouvrir la porte de la Ville, où ils laissent aussi une sentinelle, puis ils en relèvent une autre sur le rempart au-dessus de la porte ; le reste entre dans le Corps-de-garde auprès de la porte ; les Soldats qui y ont passé la nuit, & qui les attendent sous les armes, s'en vont à la Citadelle. (*tout cela doit aller vîte*). *Silence...* Les trompettes sonnent au haut de la tour, les tambours battent la Diane, pendant qu'on pose sur le haut de cette tour un grand pavillon, mi-parti bleu & rouge, avec une croix blanche, sur laquelle est écrit en lettres d'or : *Festa Dei innamorati.*

Pendant cette dernière Pantomime, *Dona Elvire*, enveloppée de son voile, ainsi qu'*Isabelle*, paroissent dans le fond du côté opposé à la Citadelle,

& dans le même-tems *Dona Cardova* sort de sa maison, dont elle tire la porte sur elle, & traverse le Théatre, tenant un livre, comme si elle alloit au Temple.

N. B. Comme il y a beaucoup de Pantomime dans cette Piéce, les moindres détails demandent la plus sérieuse attention ; de-là dépendent l'ensemble, & le succès.

AVIS.

La Copie donnée à l'impression n'étant pas exacte, & l'Auteur n'ayant pu voir les épreuves, on supplie le Lecteur de ne lire cette *Piece*, qu'en consultant cet *Errata.*

Page 1, *ligne* 10, *à Isabelle*, lisez : *à Isabelle, avec humeur.*
P. 7, *l.* 10, tiens comme ça, *lisez :* comme cela, tiens.
P. 10, *l.* 25, *lisez :* Écoute, & connois sa noirceur.
P. 12, *l.* 8, *rentrent*, lisez : *se placent.*
P. 15, *l.* 11, SIMONETTI, ajoutez : *à part.*
P. 17, supprimez les lignes 13, 14 & 15, commençant par ces mots : *Pendant la generale*, &c.
P, 18, *l.* 4, au lieu de ce Vers : S'ils viennent, nous les recevrons, *lisez :* Vous, demeurez... *Aux Soldats.* Et vous, silence.
P. 18, supprimez la vingt-unième ligne.
P. 33, au dernier Vers, Ils vont avoir : *lisez :* Ils recevront.
P. 39, après le premier Vers de la Scène VI, *lisez :*

ISABELLE *à part.*

Ciel ! suis-je assez à plaindre !

PERSONNAGES.

BAYARD, Général Français.
TARDIEU, Capitaine Français.
DARCÈS, Capitaine Français.
BRISSON, Capitaine Français, prisonnier de guerre.
SOTOMAYORE, Chef Espagnol.
PLUSIEURS CAPITAINES ESPAGNOLS.
GRITI, Chef de Notables de Voghère.
CARDOVA, Gentilhomme Milanois.
DONA CARDOVA, son Épouse.
LÉONORE, leur fille aînée, âgée de 18 ans.
CLARA, leur fille cadette, âgée de 10 ans.
ISABELLE, Demoiselle noble, mais très-pauvre.
DONA ELVIRE, vieille Tante d'Isabelle.
AUGUSTE, Amant d'Isabelle.
MARIN, Valet-de-Chambre de Bayard.
SIMONETTI, Valet-de-Chambre de Sotomayore.
TROUPES Françaises.
TROUPES Espagnoles.
PEUPLES, DANSEURS ET DANSEUSES.

La Scène est à Voghère, Ville considérable du Duché de Milanois, dans la Pouille.

L'action se passe sous le règne de Louis XII, surnommé le Père du peuple.

BAYARD,

COMÉDIE.

ACTE PREMIER.

SCENE PREMIERE.

DONA ELVIRE, ISABELLE.

ELVIRE, *s'avançant & regardant aller Dona Cardova, à elle-même.*

BON, la voilà sortie ; avant qu'elle revienne,
Je verrai Léonore & pourrai lui parler.

(*à Isabelle.*)

Mettez vous sur ce banc : prendrez-vous bien la peine
De m'attendre un instant, sur-tout de m'appeller,
En cas que Cardova survienne ?

ISABELLE.

Oui ma tante.

(*Isabelle s'assied sur le banc, Elvire tire la sonnette*).

ELVIRE *à Isabelle.*

Baissez ce voile tout-à-fait.

LÉONORE *dans la maison.*

Qui sonne ?

ELVIRE.

(*à Isabelle*).

Amie, ouvrez. Ayez bien l'œil au guet.

(*On ouvre la porte de la Maison de Cordova. Elvire y entre ; elle la ferme. Isabelle tire son mouchoir, & se met à pleurer*).

SCENE II.

ISABELLE *assise*, AUGUSTE.

AUGUSTE, *partant du côté d'une maison dans le fond, à gauche.*

PUISQUE rien n'adoucit votre rigueur injuste,
Puisque pour vous fléchir mes soins sont superflus....

ISABELLE *se levant émue.*

O Ciel ! n'entends-je pas Auguste ?

Oui, c'est lui.

AUGUSTE *du même côté.*

C'en est fait, vous ne me verrez plus.

(*Il va pour traverser le Théatre, Isabelle l'appelle à demi-voix*).

Auguste ! Auguste ?

AUGUSTE *l'appercevant, court à elle.*

Ah ! c'est toi, chère amie ?

ISABELLE.

Un tremblement soudain à ta voix m'a saisie.
Te voilà bien ému !

AUGUSTE *la tenant.*

Je suis au désespoir.

(*vivement*).

Mon père... sa rigueur est une barbarie :
Mes prières, mes pleurs, n'ont sur lui nul pouvoir.
Tes attraits, ta douceur, & sur-tout ta sagesse,
Sont des trésors pour ton amant :
Mais mon père obstiné n'en veut qu'à la richesse ;
Il ne faut plus compter sur son consentement.
Sans toi, ton amant ne peut vivre ;
Et toi, peux-tu vivre sans lui ?

(*Geste significatif d'Isabelle à Auguste*)

Eh bien ! imite-moi, je pars dès aujourd'hui ;
Sois mon épouse, & consens à me suivre

ISABELLE *retirant sa main qu'il tenoit.*

O Ciel ! que me proposes-tu ?
Tu m'aimes, & tu peux soupçonner ma vertu ?
Il n'est rien que pour toi mon amour ne surmonte ;
Je supporterai tout, tout, excepté la honte.
Tu ne connois pas tous mes maux,
Combien la pauvreté dégrade le courage !
Ma tante... je ne puis en dire davantage.

AUGUSTE.

Eh quoi ! nos sentimens ne sont-ils pas égaux ?
As-tu quelques chagrins que mon cœur ne partage ?

ISABELLE.

Tu vas savoir la vérité :
Pour soulager l'adversité,
Qui sans relâche nous tourmente,
J'aurois dû (c'est ainsi qu'ose penser ma tante)
Envers Sotomayore abaisser ma fierté.
Et pour alimenter notre funeste vie,
Consentir... le dirois-je ?

AUGUSTE *vivement.*

Eh bien ?

ISABELLE.

A l'infamie.

AUGUSTE.

Elle ta conseillé... l'ai-je bien entendu ?
Et qu'a dit Isabelle ?

ISABELLE *tranquillement.*

Auguste, en doutes-tu ?
Mais, loin de me rendre justice,
Quel reproche cruel n'en ai-je pas reçu !
Mon refus à cette offre (à ses yeux si propice)
N'est, dit-elle, qu'un sacrifice
Que je fais à l'amour, & non à la vertu.
Sur mon refus, Sotomayore
A fait offrir ses vœux à Dona Léonore.

(*Effrayée*).

J'entends du bruit ; c'est elle : éloigne-toi.

AUGUSTE.

Isabelle !

ISABELLE.

Va, fuis ; & surtout pense à moi.

(*Auguste sort*).

(*Elvire sort précipitamment de la maison de Cardova ; au même instant Dona Cardova paroît de l'autre côté ; elle observe Elvire ; la porte reste ouverte, Clara y paroît*).

ELVIRE *grondant.*

Allons, marchez ; mettez ce voile sur la tête.

(*A part en s'en allant*).

Marchez ; je reviendrai tantôt pendant la fête.
Je la déciderai : sa mère... je la vois.
Fuyons.

SCENE III.

DONA CARDOVA, CLARA *ensuite.*

D. CARDOVA *en elle-même.*

QUOI! cette femme évite ma présence!
Elle sort de chez moi; son air paroît suspect.
Pourquoi choisir le tems de mon absence?
Pourquoi s'enfuir à mon aspect?

(*Dona Cardova va pour entrer; Clara va au-devant d'elle; pendant ce tems Elvire rencontre dans le fond Simonetti qui tient une grosse bourse; elle lui fait signe qu'il n'y a rien à faire. Simonetti lui montre la bourse; Elvire & Isabelle quittent Simonetti qui guette le moment d'entrer chez Dona Cardova; il se cache derrière la maison*).

CLARA *à D. Cardova.*

Ah! ma bonne maman, viens, viens, je vais t'apprendre
Des choses qui vont te surprendre;
La vieille Elvire sort à l'instant de chez nous.

D. CARDOVA *fâchée.*

Et que demandoit cette Elvire?

CLARA.

Écoute, je vais te le dire;
Mais sur-tout garde-toi de te mettre en courroux;

La vieille Elvire est une bonne femme,
Ses soins pour nous sont sans pareils.
Ma sœur, par son moyen, peut-être grande Dame,
Pourvu qu'elle la croye & suive ses conseils.

CARDOVA.

Eh! quels conseils?

CLARA.

D'abord, sitôt qu'elle est entrée,
Elle a fait à ma sœur certain signe discret.
Tiens, comme ça.

(*Elle lui répète le signe, qui est de fermer les yeux avec affectation, & de laisser tomber le regard de côté en tenant l'index droit sur l'estomac. Ici Simonetti entre chez Dona Cardova en tapinois*).

J'en étois outrée;
Car ce signe m'a mise au fait.
J'ai vu qu'elle vouloit lui parler en secret,
Sans affectation je me suis retirée;
Mais où? — Devine.

CARDOVA.

Eh bien! où?

CLARA *gaîment*.

Dans mon cabinet,
(*Niaisement par affectation*).
D'où j'ai tout entendu. J'ai peut-être mal fait;

Dis, maman?

D. CARDOVA.

Non, poursuis.

CLARA *reprend gaîment son babil.*

Elle l'a fort flattée
Sur son esprit, sur ses attraits naissans;
Puis elle a dit (tout bas de peur d'être écoutée);
Mais j'ai l'oreille fine : elle a donc dit tout bas;
Comment, vous n'êtes point tentée
De goûter les plaisirs, de jouir des appas
Que vous présente le bel âge ?
On peut suivre l'amour, sans cesser d'être sage;
Il n'est de vrai bonheur que pour les vrais amans.
J'en connois un qui vous adore;
C'est un preux Chevalier très-riche & jeune encore;
Je répons de ses sentimens;
En un mot, car il faut profiter des momens,
C'est le brave Sotomayore.

D. CARDOVA *retient sa colère.*

Et qu'a répondu Léonore,
A des discours aussi pressans?

CLARA.

Ecoute; car j'ai bien retenu sa réponse.
« Je crois à votre zèle, à tout ce qu'il m'annonce:
» Sotomayore est riche, est d'un illustre rang.
» Sur ses desseins, avant que je prononce,
» Permettez-moi de consulter maman ».

CLARA *continue.*

N'étoit-ce pas bien lui répondre ?

D. CARDOVA *très-émue.*

Oui, ma fille.

CLARA.

Ces mots ont paru la confondre.

(*Elle caresse sa mère*).

Mais quoi ! tu pleures ? Ciel ! Ah ! maman, calme-toi :
Va, ma sœur te respecte & t'aime autant que moi.

(*Elles s'embrassent*).

SCENE IV.

DONA CARDOVA, LÉONORE, CLARA.

(*Pendant qu'elles s'embrassent, Simonetti sort de chez Dona Cardova ; Léonore jette par terre la bourse qu'il lui a rendu ; il s'échappe vivement*).

D. CARDOVA.

QU'AS TU donc, mon enfant ? qui cause tes allarmes ?

LÉONORE *avec sanglots.*

(*Montrant la bourse*).

L'indigne encens offert à mes prétendus charmes,
Le sujet de mon trouble & de mon juste effroi.

D. CARDOVA.

Qui t'a porté cet or?

LÉONORE.

Simonetti lui-même.
Si j'en crois ses discours, Sotomayore m'aime;
Il prétend me conduire à Madrid, à la Cour:
Et pour garant de son ardeur extrême,
Si je lui promets du retour,
L'Hymen sera le sceau d'un si parfait amour.

D. CARDOVA *observant Léonore.*

Que pense Léonore?

LÉONORE *vivement.*

Ah! comme vous, ma mère;
Ses offres, ses présens, ont fait rougir mon front;
Il s'est caché de vous... qui cherche le mystère,
Ou craint, ou propose un affront.

D. CARDOVA *à Léonore.*

Ce monstre, ce Sotomayore
Veut doublement offenser notre honneur:
C'est par lui que, dans la douleur,
Que dans les fers, ton père, hélas! gémit encore.

LÉONORE.

Sotomayore?

D. CARDOVA.

A peine établi dans Voghère,
N'osa-t-il pas m'offrir ses vœux & sa faveur!
Outré de mes refus, pour perdre votre père,

Il emploie en ſecret l'indigne miniſtère
D'un bas & lâche Délateur.
De tout tems ennemi des cabales, des brigues,
Cardova négligeoit juſqu'à nos intérêts ;
On oſe l'accuſer de ſecrettes intrigues
Avec les Généraux Français.
On le conduit au Fort : pour obtenir ſa grace,
Sotomayore a cru me voir à ſes genoux.
J'ai fait écrire au *Duc ;* il connoît mon époux,
Il lui rendra juſtice, il punira l'audace
D'un monſtre qui, voyant ſes efforts ſuperflus,
N'oſe employer la violence ;
Mais fait tenter ton innocence,
Pour ſe venger de mes refus.
Cependant nous devons encore
Employer des ménagemens.
Oui, reprenons cet or ; quand il en ſera tems,
Je le rendrai moi-même au fier Sotomayore.

LÉONORE.

Je vois les Chefs des habitans.

CLARA.

Ils viennent commencer la fête.

LÉONORE *émue.*

Sotomayore eſt à leur tête.

CARDOVA.

Eloignons-nous pendant quelques inſtans.

SCENE V.

(*On répète l'Ouverture pendant cette cérémonie Pantomime*).

(*Une Compagnie d'hommes d'armes avance sur deux rangs (du côté gauche), & se répand, en se séparant, des deux côtés. Les Magistrats en habit de cérémonie, ayant Sotomayore à leur tête, suivent; les Magistrats rentrent à gauche; Sotomayore est à droite avec des Chevaliers, notamment le Chevalier Brisson, Français, Prisonnier de guerre (il n'a point d'armes). Les Amoureux, c'est-à-dire quatre hommes & quatre femmes, vêtus de blanc avec des rubans de diverses couleurs, entrent; les hommes ont des arcs & des flèches; les femmes tiennent des bouquets dans des corbeilles. On porte le mai, au bout duquel est un cœur rouge ailé d'or, qui doit être le but où doivent tirer les Amoureux : le mai planté, les Amoureux sont dans le fond, le Peuple derrière eux*).

(*Dona Cardova & ses deux filles sont sur leur porte vis-à-vis de Sotomayore*).

SILENCE.

LES PRÉCÉDENTES, SOTOMAYORE, BRISSON, SIMONETTI, AIDES DE CAMP, TROMPETTE, SOLDATS, MAGISTRATS ET PEUPLES.

SOTOMAYORE *à Brisson, gaîment.*

SIRE Brisson, voilà de jeunes filles
Qui font honneur à leur pays.

BRISSON.

Sire Sotomayore, elles ſont très-gentilles ;
Mais les nôtres pourroient leur diſputer le prix.
Les Dames de Milan ſont douces, ſéduiſantes ;
Mais les Françaiſes ſont charmantes.

SOTOMAYORE.

Le ſoutiendriez-vous en combat ſingulier ?

BRISSON.

Oui, foi de brave Chevalier.

SOTOMAYORE.

En leur faveur il faut rompre une lance.

BRISSON.

A préſent ? Non ; car je ſuis priſonnier ;
Mais j'attends chaque jour des nouvelles de France :
Le tems de ma rançon s'avance ;
Vous n'aurez pas beſoin alors de m'en prier.

SOTOMAYORE *lui tendant la main.*

Soit :

BRISSON *lui frappe dans la main.*

Soit : car je viendrai vous chercher le premier.

SOTOMAYORE *aux Magiſtrats.*

Eh bien donc ! commencez ; qu'attendez-vous encore ?

D. CARDOVA *s'avançant avec force.*

(*Sotomayore quitte ſon eſtrade, & s'avance vers Dona Cardova avec les démonſtrations de la bienveillance*)

(Ironiquement).

Un moment ; permettez, Sire Sotomayore,
Que hautement ici je rende à vos vertus
L'hommage & le respect qui leur sont si bien dus ;
Daignez en recevoir le tribut légitime.

SOTOMAYORE *très-surpris, à part.*

(Bas à Cardova).

Elle est instruite ! ô ciel !.. Madame, y pensez-vous ?

CARDOVA *aux Magistrats, sans l'écouter.*

Citoyens, Espagnols, Seigneurs, écoutez tous ;
Et connoissez enfin ce Héros magnanime.
Il m'honoroit, ainsi que mon époux,
De l'amitié la plus sincère ;
Mais d'un simple soupçon, l'ombre la plus légère
Réveille son devoir, dont il est si jaloux.
Mon époux est suspect, innocent ou coupable,
N'importe : ce Héros fait taire l'amitié,
Sans vouloir l'écouter ; d'un front inaltérable,
Il le fait dans la tour renfermer sans pitié ;
Mais son cœur a souffert de ce zèle héroïque.
Mes deux filles & moi sommes dans la douleur ;
Sa bienfaisance au même instant s'applique
A soulager nos maux, à calmer leur rigueur.
Il couvre ses bienfaits du voile du silence ;
Il fait même épier le tems de mon absence,
Pour m'envoyer cinq cens ducats :
Il veut se dérober à la reconnoissance ;
Mais c'est en vain, nos cœurs ne peuvent être ingrats.

Étrangers, Citoyens, que votre voix s'unisse
Aux vifs transports, aux élans de mon cœur,
Pour célébrer la gloire, la justice,
Et toutes les vertus de notre bienfaiteur.

SOTOMAYORE *déconcerté.*

Madame... je ne sais... en vérité... j'ignore
Si ces cinq cens ducats... ce n'est pas moi, d'honneur.

D. CARDOVA *avec force.*

Que ce trouble peint bien le grand Sotomayore!
Tout prouve sa vertu, tout, jusqu'à sa rougeur.

SIMONETTI.

Quel embarras! ô la maudite femme!

SOTOMAYORE, *à part.*

Remettons-nous pourtant, ou tout est découvert.
(*Haut avec dignité*).
Eh bien! il faut parler: apprenez donc, madame,
Qu'il est bien vrai que mon zèle vous sert;
Mais au Duc de Milan vous devez rendre grace
De l'or que vous avez reçu.
Il veut que ce bienfait efface
Le chagrin d'un époux qui vous sera rendu:
C'est votre souverain, & c'est par moi qu'il place
Le prix qu'il doit à la vertu.

D. CARDOVA.

Seigneur, accordez-nous la grace toute entière,
En nous rendant à l'instant mon époux.

LÉONORE *à Sotomayore.*

Ah ! Monſeigneur, rendez-nous notre père.

CLARA.

Mon bon Seigneur, rendez-le nous.

SOTOMAYORE, *à part.*

Je me ſens attendri.

SIMONETTI, *à part à Sotomayore.*

Ne perdez pas la tête :
Mais promettez toujours, pour ſortir d'embarras.

SOTOMAYORE *à Clara.*

Eh bien ! oui, mon enfant, tantôt après la fête.

D. CARDOVA, *bas à Sotomayore.*

Ah ! Monſeigneur, reprenez vos ducats ;
Rendez-moi mon époux, & je ſuis ſatisfaite.

SOTOMAYORE *refuſant la bourſe, & montrant Léonore.*

Non, non ; cet or eſt une dette
Payée à ſa vertu, bien plus qu'à ſes appas.

(*Elle le ſalue, ainſi que ſes deux filles, & ſe retire*).

(*La Fête continue*).

SCENE VI.

SCENE VI.

LES PRÉCÉDENS, SOLDATS, AIDES DE CAMP, UN TROMPETTE.

GRANDE MUSIQUE.

(Sotomayore va se replacer sur son estrade ; au moment même, on entend sonner le tocsin trois fois cinq coups).

UN SOLDAT *sur le rempart, avec force.*

ALERTE, alerte ; France, France.

(Le tocsin sonne ; le tambour bat la générale pendant une minute ; les Soldats accourent de la Citadelle à moitié habillés, mais tous armés : on ferme la porte de la Ville, en levant le pont-levis.

(Pendant la générale, Sotomayore témoigne le regret de ne pouvoir continuer l'affaire, & renvoye les Magistrats, ainsi que les Amoureux).

UN AIDE-DE-CAMP *à Sotomayore.*

On voit déja les premiers escadrons.

UN SECOND AIDE-DE-CAMP *à Sotomayore.*

Un trompette Français veut entrer.

SOTOMAYORE.

Qu'il avance.

(L'Aide-de-Camp va chercher le trompette).

(*Aux Habitans*).

Allez, rentrez dans vos maisons.

(*Aux Magistrats*).

S'ils viennent, nous les recevrons.

(*Le Trompette avance ; il est précédé du second Aide-de-Camp, & suivi des trois gens d'armes : il salue Sotomayore, & lui présente un rouleau de vélin*).

SOTOMAYORE *lit.*

« Le Très-invincible & débonnaire LOUIS XII,
» Roi de France, de Naples, & Duc de Milan ».

Aux Notables de la Ville de Voghère.

« Comme c'est sans raison ni danger, mais seulement
» par trahison & félonie, que vous avez livré votre
» Ville au Seigneur Ludovic Sforce, soi-disant Duc
» de Milan, & que vous avez reçu les gens d'armes
» d'Espagne qu'il vous a envoyé, je vous mande &
» ordonne de rentrer, sans remise, dans votre devoir
» & obéissance, vous mettant, quant au reste, à notre
» merci & miséricorde Royale ».

SOTOMAYORE.

Il n'est rien que je ne surmonte!
Cette Ville & ce Fort à mes soins sont commis;
Est-il aucun danger qu'un vrai guerrier n'affronte?
Nous vaincrons avec gloire, ou périrons sans honte,
Nous n'avons tous qu'un même avis.

LE TROMPETTE *avec fermeté.*

Monseigneur de Bayard ne fera point de grace,
Car tels sont ses ordres précis.

SOTOMAYORE *surpris.*

Bayard ?

LE TROMPETTE.

Oui, Monſeigneur, il eſt devant la place.

SOTOMAYORE, *après un petit tems.*

Tant mieux, notre triomphe en aura plus de prix.
Dites-lui que Sotomayore
Eſpère avoir ſon tour, ſe venger de l'affront
Dont Bayard autrefois a fait rougir ſon front,
Et dont il ſe ſouvient encore.

(*Le Trompette ſort*).

SOTOMAYORE.

(*au peuple*). (*aux guerriers*).
Courage, Citoyens... Courage, mes amis ;
Nous verrons s'il tiendra ce qu'il nous a promis.

Fin du premier Acte.

ACTE II.

SCENE PREMIÈRE.

SOTOMAYORE, TROUPES ESPAGNOLES.

(Le Tambour bat au drapeau).

(Sotomayore tient Conseil avec les Généraux).

(Pendant que les Troupes se mettent sous les armes, Sotomayore prend les siennes).

(Le Tambour bat aux champs, & puis le pas redoublé).

(Les Troupes défilent & montent dessus le rempart; d'autres Troupes sont sur le haut de la tour & à son entrée devant la palissade; les Troupes une fois placées, on entend derrière le théatre le bruit des trompettes françaises & des tymbales (c'est un mouvement de fanfare), un coup de canon, signal de l'assaut de la part des Français, la charge au pas redoublé, bruit général de canon & d'arquebuse).

(Les Espagnols doivent avoir une écharpe rouge sur leurs armes, & les Français une écharpe blanche).

(Quelques Français paroissent sur le haut du rempart; ils sont repoussés. Les Espagnols témoignent leur contentement par des cris : Espagna, Espagna; *ceux de la tour répondent :* San Yago, San Yago *(silence).*

Les Français reviennent à l'assaut ; tous les instrumens militaires jouent ensemble.

(BAYARD *paroît sur le rempart & crie :* France, France, *& plante le drapeau blanc sur le rempart ; ses Gens d'armes le suivent en criant :* Bayard, Bayard. — *Rien que deux fois Bayard poursuit les Espagnols qui descendent du rempart*).

SCENE II.

BAYARD, SOTOMAYORE, CARDOVA, LÉONORE, CLARA.

En même-tems les deux actions suivantes :

BAYARD *descendu dans la Ville, court à la porte, qu'il ouvre en faisant baisser le pont-levis ; les Troupes Françaises entrent le pas redoublé au son des instrumens.*

SOTOMAYORE *défend l'entrée de la Citadelle ; les Français forcent les palissades ; les Espagnols lèvent le pont-levis.*

(*Les Français, répandus sur la place, font fuir les Espagnols dans toutes les rues (indiquées par les coulisses), & vont enfoncer les portes pour piller, selon l'usage de ces tems-là. Deux Soldats frappent avec la crosse de leurs arquebuses à la porte de Dona Cardova, qui sort avec ses deux filles en jettant des cris. Elles apperçoivent Bayard, & se jettent à ses pieds. Divers grouppes de Soldats Français observent l'action de Bayard. Silence pour les Tambours*).

DONA CARDOVA, LÉONORE, CLARA,

Ensemble aux pieds de Bayard.

D. CARDOVA.

Ah! Monseigneur!

LÉONORE.

Monseigneur!

CLARA.

Monseigneur!

LÉONORE.

Ou prenez notre vie, ou sauvez-nous l'honneur.

BAYARD *à Madame Cardova.*

Madame, c'est votre famille?

CLARA *vivement.*

Oui: Monseigneur, je suis sa fille.

LÈONORE *vivement.*

Ah! soyez notre protecteur.

BAYARD *les relève.*

(*A deux Soldats Français*).

Levez-vous. Mes amis, restez à cette porte.

(*A Dona Cardova*).

Rentrez; & de chez vous, que personne ne sorte;
Je vole à mon devoir, puis à votre secours.

D. CARDOVA *transportée.*

Ah! que le Ciel protège & conserve vos jours.

(Elle rentre avec ses filles dans sa maison, dont elle ferme la porte ; Bayard pose son écu au-dessus. Les deux sentinelles sont déja placées aux deux côtés).

SCENE III.

LES ACTEURS PRÉCÉDENS.

(L'écu de Bayard a pour blâson d'azur (bleu) au chef d'argent chargé d'un lion naissant de gueule (rouge vif) à la cotice, ou trait d'or brochant sur le tout (tout cela est nécessaire). Bayard fait trois fois le signe du roulement pour le Tambour ; le Tambour roule trois fois. Sotomayore au troisieme roulement paroît au haut de la tour).

BAYARD *à Sotomayore.*

SOTOMAYORE, à moi, c'est Bayard qui t'appelle ;
Ennemi déloyal, Chevalier discourtois,
Ose vuider ici notre ancienne querelle,
Et terminer la cause de nos Rois.

SOTOMAYORE *jette du haut de la tour son gantelet à Bayard, qui le ramasse, & dit :*

C'en est assez ; nous verrons cette fois
Qui de nous au serment sera le plus fidèle.

(Les Troupes Françaises forment un grand cercle, laissant le passage à la Citadelle libre ; Bayard est au milieu du cercle).

BAYARD, *à deux Chefs Français.*

D'Ars, Caumont, pour juger une cause si belle,
C'est de vous deux que j'ai fait choix.

(*Les deux Chefs s'avancent hors du rang, à gauche*).

(*Air gai de la part des Instrumens à vent; Diane de la part des Tambours pendant l'action suivante*).

(*Il sort de la Tour un Détachement de Troupes Espagnoles; celles de Bayard se rangent à droite, les Espagnals à gauche*).

(*Sotomayore sort de la Citadelle, suivi de deux Chefs Espagnols; Bayard a repris son écu. Les quatre Juges, les deux Espagnols & les deux Français visitent les armes des deux Champions; c'est l'estoc ou grande épée, & le poignard; ils ont le visage découvert, mais leurs casques. Les deux Combattans sont en présence; les deux Juges Français derrière Bayard; les deux Juges Espagnols derrière Sotomayore*).

SILENCE.

(*La trompette sonne trois fois*).

COMBAT SINGULIER.

(*Les deux Champions commencent le combat au sabre & au bouclier, & jettent ensuite leurs boucliers pour continuer leur combat au sabre & au poignard*).

(*Musique d'Instrumens à corde, dont les tems sont marqués pour toute cette action*).

(*Bayard d'un coup de revers fait voler le casque de Sotomayore. Dans l'instant ou Sotomayore lève le bras, Bayard le prend au poignet & le perce droit au gorgerin; Sotomayore tombe, Bayard met le pied sur lui, & le bras levé pour redoubler.*

BAYARD *à Sotomayore.*

Te rends-tu, déloyal? Confesse ma victoire.

LE CHEF ESPAGNOLS.

Sire Bayard, vous voyez, il n'est plus.

BAYARD *aux Juges du Camp.*

En ai-je fait assez pour l'honneur & la gloire?

LE CHEF ESPAGNOL.

Trop pour nous & pour sa mémoire:

Nous cédons au vainqueur.

BAYARD, *quittant le corps de Sotomayore & regardant les Espagnols.*

Je fais grace aux vaincus.

(*Le Tambour roule une fois sur le commandement & signal d'un des Chefs Français*).

SILENCE.

(*Pendant lequel les deux Chefs Espagnols apportent leurs épées à Bayard, qui les remet aux deux Chefs Français*).

(*Marche de tous les Instrumens à vents*).

(*Les Tambours battent de loin en loin, & roulent doucement pendant qu'on emporte le corps mort de*

Sotomayore, comme à une pompe funèbre. On emporte le corps de Sotomayore; les Troupes Espagnoles passent devant Bayard, & lui rendent leurs épées. Les Troupes Françaises se dédoublent & occupent les deux aîles du théatre : le fond est occupé par les Prisonniers, qui ont formé un peloton après avoir passé devant lui. Bayard donne ordre de conduire les Prisonniers à la tour. Les Troupes Françaises défilent devant leur Général, qui se retire, suivi de ses Officiers Généraux, dans la maison de Dona Cardova.

(Le Tambour bat la retraite).

(On a mis le pavillon blanc sur la tour, au moment où l'on a emporté le corps de Sotomayore).

La Musique jouera l'Entre-Acte de la Bataille d'Ivry.

Fin du second Acte.

ACTE III.

(Le Théatre représente une grande salle de la maison de Cardova, où loge Bayard ; le fond du Théatre est fermé par deux rideaux de soie, & surmontés d'une large courtine. Les armes de Bayard sont en trophée dans le fond d'un côté ; celles de Sotomayore sont de l'autre. Il y a une table couverte d'un tapis, sur laquelle est une cassette & une valise de maroquin propre d'une moyenne grandeur, des fauteuils, des siéges).

CONSEIL DE GUERRE.

(Tout le monde est assis).

SCENE PREMIERE.

BAYARD, BRISSON, D'ARCÈS, TARDIEU, *Chef des Français.*

BAYARD, *tenant une lettre à la main.*

Du côté du bon droit, la victoire se range;
Bresse & Milan sont reconquis,
Et pour leur Souverain reconnoissent LOUIS.
(à Brisson).
Capitaine Brisson, on a fait votre échange;
Deux Chefs des assiégés en ont été le prix.

BRISSON *surpris.*

Deux!

BAYARD.

Sans doute : un Français vaut bien deux ennemis.

(*On entend battre la Diane derrière le Théâtre, & on porte les drapeaux dans la salle où est Bayard*).

BAYARD, *à d'Arcès, qui a conduit les drapeaux.*

Brave d'Arcès, a-t-on fait cesser le pillage?

D'ARCÈS.

Oui, Monseigneur, tout est calme & soumis.

BAYARD.

Craignons toujours d'être surpris;
Que la prudence, amis, veille sur le courage.

(*Au Capitaine Tardieu qui s'avance quand il l'appelle, & lui montrant la valise*).

Capitaine Tardieu, vous connoissez Bayard;
Loin de lui tous détours & lâches subterfuges:
De cet or que j'ai pris, vous voulez votre part?

(*Aux Chefs*).

Je prétends l'avoir seul... Messieurs, soyez nos juges.

TARDIEU *aux Chefs.*

Le Trésorier du Duc, non loin de ce rempart,
Fuyoit bien escorté de crainte de surprise:
Notre Troupe à sa suite en deux partis fut mis.

(*Montrant Bayard*).

Le sien s'en rendit maître, & j'arrivai trop tard;
Mais enfin, comme lui, j'eus part à l'entreprise.

BAYARD.

A l'entreprise, oui, mais non pas à la prise;
Et la Fortune est fille du hasard.

(*Il se fait un silence; les Chefs opinent, d'Arcès a recueilli les voix*).

D'ARCÈS *à Bayard*.

Bayard, toutes les voix sont à votre avantage:
Cet or vous appartient, puisque vous l'avez pris.

BAYARD *à Tardieu*.

Vous rendez-vous à leurs avis?

TARDIEU *mortifié*.

Il faut bien, malgré moi, souscrire à leur suffrage:
Profitez de cet or, leurs voix vous l'ont acquis.

BAYARD.

Capitaine Tardieu, puisqu'il est mon partage,
Il est à vous; prenez, & soyons bons amis.

TARDIEU *vivement*.

Non, Bayard.

BAYARD *fermement*.

Un refus me seroit un outrage:
(*Avec amitié*).
Faut il que pour si peu nous soyons ennemis?

TARDIEU *attendri*.

Ta générosité mérite mon hommage;
J'en reçois la moitié comme le nouveau gage
Du nœud dont nous sommes unis.

BAYARD *à d'Arcès*.

Que l'autre à nos Soldats à l'instant soit remis;

Exposés comme nous aux horreurs du carnage,
Ils doivent, comme nous, en recevoir le prix.

TARDIEU *à Bayard.*

Et le tien.

BAYARD *lui prenant la main.*

Et le mien... suffit à mon courage ;
C'est la gloire de mon pays.
Mes chers amis, donnons quelque relâche
Et quelque trève à nos travaux :
Nous avons aujourd'hui rempli tous notre tâche,
Il est tems de goûter quelqu'instant de repos.

(*Les Chefs sortent*).

(*Tardieu, en sortant, fait emporter la valise qui est sur la table, par deux Soldats.*).

SCENE II.

BAYARD, MARIN.

MARIN

(*A part*). (*Haut*).

LES voilà tous partis. Nos hôtesses gentilles
Sont-là, si Monseigneur vouloit les recevoir.

BAYARD *assis.*

Qui donc ?

MARIN.

La mère & ses deux filles.

BAYARD, *se levant.*

Sans doute ; je me fais un plaisir de les voir ;
Je dois les prévenir.

MARIN *courant à elles.*

Monseigneur vous en prie ;
Entrez.

SCENE III.

BAYARD, DONA CARDOVA, CLARA.

D. CARDOVA.

AH ! Monseigneur, nous vous devons la vie ;
Souffrez qu'à vos genoux....

(*Elles veulent se mettre à ses genoux, il les en empêche vivement. La Mère & Bayard s'asseyent ; les filles restent debout ; Clara est auprès de Bayard, qu'elle examine (du côté opposé à sa mère).*

BAYARD.

Non, daignez vous asseoir.

D. CARDOVA.

Tout est à vous ici, par le droit de la guerre ;
Nous vous l'offrons de cœur bien plus que par devoir.

LÉONORE.

Nous vous devons l'honneur, & tout notre pouvoir
Ne peut nous acquitter d'une faveur si chère.

CLARA.

Oui, vous êtes pour nous un Ange tutélaire.

BAYARD.

(*A Cardova, examinant les deux filles*).

Madame votre ſort doit faire des jaloux.

D. CARDOVA.

Oui, Monſeigneur, je ſuis heureuſe mère;
Mais ces enſans ſont privés de leur père,
Et nos pleurs chaque jour demandent mon époux.

BAYARD.

Eſt-il homme de guerre?

LÉONORE.

Il étoit au ſervice.

BAYARD *à Cardova.*

Comment a-t-il perdu le jour?

LÉONORE.

Par la plus horrible injuſtice,
Il languit renfermé dans cette affreuſe tour.

D. CARDOVA.

Le perfide Sotomayore
L'a plongé dans les fers, & l'y retient encore.

BAYARD.

Sotomayore!

D. CARDOVA.

Il eſt ſon plus grand ennemi;
Il tenta de ſéduire & moi-même & ma fille:

C'eſt

C'eſt l'oppreſſeur de ma triſte famille.

BAYARD.

Il fut perſécuteur, le Ciel l'en a puni.

D. CARDOVA *vivement.*

Comment donc ?

BAYARD.

Sous mes coups le barbare a péri.

LÉONORE.

Le Ciel eſt juſte.

CLARA *allant à ſa mere.*

Ah, maman !

MARIN *derrière le Théâtre.*

Place, place.

(*Accourant*).

Monſeigneur, Monſeigneur,

BAYARD *fâché, ſe levant.*

Pourquoi donc ces éclats ?

MARIN.

On amène les Magiſtrats.

BAYARD *s'échauffant.*

Ils vont avoir le prix de leur audace.

SCENE IV.

BAYARD, BRISSON, LES MAGISTRATS, D. CARDOVA ET SES FILLES.

(*Les Magistrats sont conduits par des Soldats qui restent à la porte ; Brisson, qui conduit ce Détachement, & deux Valets-de-Ville portant une corbeille pleine d'argenterie couverte d'un drap blanc & or, sont à la droite de Bayard. Dona Cardova & ses filles dans le coin du Théâtre, à la droite des Spectateurs, qui est la gauche des Acteurs*).

UN MAGISTRAT.

AH! Monseigneur, voyez à vos genoux...

BAYARD *le repoussant.*

Non, perfides, éloignez-vous :
Quand on a trahi sa patrie,
Que sert un tardif repentir?
En vain vous croyez me fléchir ;
Rien ne peut vous sauver la vie.

LE MAGISTRAT *avec force.*

Non, Monseigneur, non ; ce n'est pas sur nous
Que doit tomber votre juste courroux :
Nous n'avons point trahi la France,
Nous ignorions l'intelligence,

Que des traîtres gardoient avec ſes ennemis.
Cette Ville & le Fort, de nuit furent ſurpris :
Sans Soldats, ſans ſecours, enfin ſans eſpérance,
Pouvions-nous oppoſer la moindre réſiſtance ?

BAYARD *vivement.*

Vous pouviez tous mourir armés pour ſa défenſe ;
En mourant pour ſon Prince, on meurt pour ſon pays :
Vous vous êtes rendus, vous les avez trahis.

(Il leur tourne le dos).

BRISSON *aux genoux de Bayard.*

Ah ! Monſeigneur, ſouffrez que je vous prie
D'avoir égard à leur douleur ;
Priſonnier en ces lieux, prêt à perdre la vie,
Ils ont adouci mon malheur ;
J'étois ici comme dans ma Patrie :
Leurs bienfaits pour jamais ſont gravés dans mon cœur.
Grace ! grace, Bayard !

(Il met un genou en terre).

LES MAGISTRATS *aux genoux de Bayard.*

Grace ! miſéricorde !

BAYARD *(un petit ſilence).*

(Fortement en relevant Briſſon).

Grace ; en votre faveur, Briſſon, je leur accorde,
Qu'ils en gardent le ſouvenir.

(Aux Français).

Comme guerrier, j'aurois dû les punir ;

Mais puisque de mon Roi je présente l'image,
C'est un Père indulgent que je leur dois offrir.

(*Bas à Brisson*).

Cher Brisson, à la tour montez à l'instant même,
Demandez Cardova... c'est vous en dire assez.

BRISSON *avec transport.*

Comptez sur mes soins empressés,
Mon cher Bayard, c'est servir ce que j'aime.

(*Brisson sort, Bayard sourit*).

(*Pendant cet* à parte *de Bayard & de Brisson, l'un des Magistrats fait approcher la corbeille, qu'il découvre & la montre à Bayard*).

(*Il faut absolument conserver ce trait d'Histoire*).

LE MAGISTRAT *à Bayard.*

Monseigneur, permettez...

BAYARD *indigné.*

Quoi! vous osez m'offrir?..

(*Se modérant*).

Non, je ne puis en accepter l'hommage;
Je rougirois de m'en servir.
Aux pauvres habitans, allez, qu'on les partage.

(*Les Magistrats sortent avec leurs dons*).

SCENE V.

BAYARD, MARIN.

MARIN *à part.*

Il faut le prévenir... Mais par où commencer ?

(*Ayant l'air de parler sans intention*).

Les patelins, avec leurs larmes,
Ils n'étoient pas prêts de cesser.

(*Il s'approche de Bayard*).

Monseigneur a bien fait de s'en débarrasser ;
Toujours sur pied, toujours de nouvelles allarmes,
Il est tems de vous délasser.

BAYARD, *gaîment.*

J'en réponds.

MARIN, *gaîment.*

N'en déplaise aux armes ;
Et, Mars dut-il s'en offenser,
L'amour doit à son tour vous offrir d'autres charmes.

BAYARD.

L'amour ?

MARIN.

Oui ; Monseigneur veut-il y renoncer ?

BAYARD, *toujours gaîment.*

Non, certes.

MARIN.

C'eſt à lui de vous récompenſer
De vos brillans travaux, de vos nobles fatigues.

BAYARD.

A peine ici, déja d'amoureuſes intrigues.
Tu penſes?...

MARIN.

J'ai mieux fait encor que d'y penſer:
Cela vous ſurprend?

BAYARD.

Non, je te connois alerte.

MARIN.

(*Comme en confidence*).
Bon! vous riez. J'ai fait certaine découverte;
Le plus joli tendron, jeune, faite à ravir.

BAYARD.

Oui dà?

MARIN.

Vous n'aurez pas la peine de languir.

BAYARD.

Comment?

MARIN.

Elle eſt là.

BAYARD.

Bon?

MARIN.

C'eſt une Demoiſelle.

BAYARD *surpris.*

Noble?

MARIN.

Noble ; mais pauvre... Ah ! cela fait pitié :
Cependant elle est fière, elle fait la cruelle ;
Sa tante est plus humaine & de bonne amitié.

BAYARD *sérieusement.*

Vas la chercher... quoi, noble !

MARIN, *à la coulisse.*

Entrez, Mademoiselle.

(*Bas à Bayard*).

Son petit cœur est effrayé.

SCENE VI.

BAYARD, ISABELLE, MARIN.

BAYARD.

VENEZ, ma chère enfant, vous n'avez rien à craindre.

MARIN.

Monseigneur n'est pas fait pour vous faire trembler ;
Levez ce voile : allons, pourquoi donc vous troubler ?

(*Il lui ôte son voile lestement ; elle le regarde avec fierté pendant qu'il dit à Bayard :*)

Voyez cette figure.

BAYARD.

Elle est ma foi Charmante !

ISABELLE *émue.*

(*à Bayard*). (*à part*).

Ah! Monſeigneur. Je n'oſe lui parler...

MARIN.

Raſſurez-vous...

BAYARD.

Elle eſt toute tremblante.

MARIN *à Bayard.*

Convenez-en ; on auroit beau chercher...

BAYARD.

Laiſſe-nous ; tes diſcours ont l'air de la fâcher.

(*Marin ſort*).

SCENE VII.

BAYARD, ISABELLE.

BAYARD.

QUE vois-je, mon enfant? quoi! vous verſez des larmes?
Eſt-ce donc pour pleurer, que vous êtes ici?
Les pleurs obſcurciſſent vos charmes;
Pourquoi vous affliger ainſi?

ISABELLE.

Ah! Monſeigneur, ſur l'apparence
Ne jugez pas d'un cœur qui vous eſt inconnu;
Je puis être dans l'indigence,
Manquer de tout, mais non pas de vertu.

BAYARD.

Il se peut; mais votre langage
Est démenti par tout ce que je voi :
Car enfin convenez. . . si vous étiez bien sage,
(*Avec douceur*).
Que vous ne seriez pas chez moi ?

ISABELLE.

Tout semble autoriser un soupçon légitime ;
Mais je ne rougis point de me voir suspecter :
Mon cœur est pur; j'espère obtenir votre estime ;
L'objet de ma démarche est de la mériter.

BAYARD.

Pardon ; mais le soupçon ne doit point affecter
Un cœur qui, sans remords, se cherche & s'examine :
Vous êtes, m'a-t-on dit, d'une noble origine.

ISABELLE.

D'un grand nom, sans fortune on doit peu s'en flatter.

BAYARD, *noblement.*

On peut toujours le faire respecter.

ISABELLE.

Noble & pauvre, à douze ans je me vis orpheline.

BAYARD *la fait asseoir.*

Parlez; avec plaisir je vais vous écouter.

ISABELLE.

Ma tante alors m'offrit une main protectrice ;
Sa maison devint mon auspice :

Son époux, vieux guerrier, étoit tout notre appui.
Il jouissoit (dans ce Fort établi)
D'un bienfait annuel, le prix d'un long service;
Il mourut, ce bienfait s'éteignit avec lui.
Sa perte nous plongea bientôt dans l'indigence.
Ma tante... son esprit par le malheur aigri...
Il est trop vrai... son cœur s'est avili...
Pour éviter sa violence,
J'ai feint de consentir à l'horrible parti
Qui fait seul aujourd'hui sa coupable espérance,
Et l'a forcée à me conduire ici.

(*Elle se jette aux genoux de Bayard*).

Ah! Monseigneur, au nom de ma famille,
Au nom de votre épouse, au nom de votre fille,
(Si des titres si chers peuvent vous émouvoir)
N'abusez pas d'un injuste pouvoir;
En me sauvant l'honneur, vous me sauvez la vie.

(*Avec force*).

Mais que plutôt cent fois elle me soit ravie,
Plutôt mourir ici d'un coup de désespoir,
Que de céder à l'infamie
Et renoncer à mon devoir.

(*Bayard se détourne pour cacher son attendrissement; elle se méprend à ce mouvement, & dit:*)

Ah! seriez-vous cruel?...

BAYARD, *lui prenant la main.*

Jugez-en par mes larmes;
Jamais plus tendrement mon cœur ne fut ému.

(*Il se lève, & la relève aussi*).

Cher enfant, levez-vous; plus j'admire vos charmes,
Plus je dois respecter votre rare vertu.
Écoutez-moi : vous êtes jeune, sage;
Mais, pour mieux éviter les écueils de votre âge,
Il faut faire choix d'un époux.

ISABELLE.

Sans bien...

BAYARD.

Votre sagesse est un riche appanage;
Mais il ne suffit pas, sans doute, aux yeux de tous.
Trouvez un Cavalier qui soit digne de vous,
Le reste sera mon ouvrage;
C'est un soin précieux dont mon cœur est jaloux.

ISABELLE, *timidement*.

Auguste...

BAYARD *avec bonté*.

Auguste... Eh bien?

ISABELLE.

Dès notre plus jeune âge
Nos deux cœurs sont unis par les nœuds les plus doux;
Son père à notre Hymen refuse son suffrage,
Nos pertes, nos malheurs, l'ont éloigné de nous.

BAYARD *appelle*.

Marin!

MARIN *entre*.

BAYARD *lui donne de l'argent*.

MARIN.

Pour qui ?

BAYARD.

Pour toi.

MARIN *surpris.*

Je vous en remercie.

SCENE VIII.

LES PRÉCÉDENTS, DONA CARDOVA; *elle entre vivement.*

D. CARDOVA, *à Bayard avec respect; mais elle apperçoit Isabelle, & veut se retirer.*

Ah! pardonnez...

BAYARD.

Madame, approchez, je vous prie;
Daignez garder chez vous jusqu'à la fin du jour
Ce dépôt que je vous confie.
(*Il lui parle bas*).

MARIN *à part.*

Voilà mon Maître au pouvoir de l'amour:
Il a raison; elle est parbleu jolie.

D. CARDOVA, *répondant bas à Bayard.*

Auguste ?

BAYARD.

Oui.

D. CARDOVA.

Dans l'inſtant vous ſerez obéi.

BAYARD *à Iſabelle.*

Allez, ma chère enfant.

ISABELLE *lui baiſe la main.*

Ah ! je vous dois la vie.

BAYARD.

Ne vous éloignez pas d'ici.

(Dona Cardova emmène Iſabelle).

SCENE IX.

BAYARD, MARIN.

MARIN *à part.*

Je juge, par la récompenſe,
Que mes ſoins ont bien réuſſi.

(Haut).

Monſeigneur eſt content ? J'en étois sûr d'avance.

BAYARD, *gaîment.*

Oui, je viens de jouir d'un bonheur inoui.

MARIN *montrant de l'argent.*

Auſſi votre magnificence....

BAYARD.

Ah ! que ne puis-je à plus haut prix
Goûter ſouvent pareille jouiſſance !

MARIN *prend le change.*

Oh ! c'est facile en ce pays,
Tout autant, pour le moins, qu'en France.

BAYARD.

Tu le crois ?

MARIN.

J'en suis sûr.

BAYARD *entendant du bruit.*

Paix, garde le silence :
On vient.

SCENE X.

LES PRÉCÉDENTS, D'ARCÈS, *Officier Français.*

BAYARD *à d'Arcès.*

QU'EST-CE, d'Arcès ?

D'ARCÈS.

Un courier.

BAYARD.

Qu'il avance.

(*Un Officier, à écharpe bleue, arrive avec une lettre. Les Chefs Français, qui s'attendent à de nouveaux ordres, l'ont suivis, & sont restés, par respect, dans le fond ; Dona Cardova paroît près de la porte qui conduit chez elle. L'Officier présente la lettre ; Bayard l'ouvre, & lit bas*).

BAYARD *au Courier.*

(*Aux Chefs*).

Laissez-nous un moment... Approchez, mes amis.
Il faut jetter des Troupes dans Ferare;
Les ennemis sont aux pieds de ses tours:
Le Duc nous attend dans trois jours;
A partir dès demain que chacun se prépare:
Bayard veut avec vous voler à son secours.

D. CARDOVA *vivement, en s'approchant.*

Vous partez, Monseigneur?

BAYARD.

Oui, Madame: mon zèle
Doit secourir notre allié;
Et Bayard n'est pas moins fidèle
A son devoir, qu'à l'amitié.

(*Dona Cardova sort précipitamment*).

(*Aux Chefs Français*).

C'est peu de vaincre, il faut assurer nos conquêtes:
Mille hommes resteront pour garder cette Tour;
C'en est assez. Tardieu? que nos Troupes soient prêtes
A partir dès le point du jour.

(*Les Chefs sortent*).

SCENE XI.

BAYARD, DONA CARDOVA.

(*Elle est suivie d'un Domestique qui porte des deux mains un petit coffre d'acier poli.*

D. CARDOVA.

DANS le saccagement de notre triste Ville,
Je rends graces au Ciel dont la bonté facile
Permit que mes humbles foyers
Servissent un instant d'asyle
Au plus grand de tous les Guerriers.
J'ai soupçonné, d'après la voix publique,
(Pardonnez ce noble soupçon)
Que votre cœur bienfaisant, héroïque,
Pourroit se contenter de ce présent modique
Pour le prix de notre rançon.

(*Elle prend le coffre des mains du domestique pour l'offrir à Bayard*).

BAYARD *souriant.*

Et que contient cette cassette ?

D. CARDOVA.

Deux mille cinq cents ducats.

BAYARD, *avec une noble surprise.*

Quoi !...

DONA

DONA CARDOVA *se méprend à la surprise de Bayard, & dit pour l'appaiser:*

Ah! Monseigneur, excusez-moi,
C'est trop peu; je le sais, mon offre est indiscrette;
C'est à vous à faire la loi.
(*Avec timidité*).
Ordonnez donc ce qu'il faut que j'ajoute...

BAYARD *avec force.*

Vous m'offririez cent mille écus....
Je les priserois moins, sans doute,
Que l'accueil & les soins que de vous j'ai reçus.
Loin d'accepter vos dons, Madame, daignez croire,
Foi de preux Chevalier, ici je le promets,
Que je conserverai sans cesse en ma mémoire,
Le souvenir de vos bienfaits.

D. CARDOVA.

Si nos devoirs ont pu vous plaire,
Si vous daignez les approuver,
Vous ne pouvez mieux le prouver,
Qu'en acceptant de nous cette faveur légère.

BAYARD, *petite réflexion.*

Puisque vous l'exigez, il faut vous satisfaire.
(*Il prend le coffret, & le pose sur la table*).

D. CARDOVA *à part avec joie.*

Ah! de quels poids mon cœur vient de se dégager.

BAYARD.

Oserai-je à mon tour vous faire une prière ?
Je pars avant le jour...

D. CARDOVA *vivement.*

Vous m'y faites songer.
Peut-on vous être nécessaire ?

BAYARD.

Daignez faire venir vos filles en ce lieu;
Avant que de partir je dois leur dire adieu.

D. CARDOVA *va pour sortir.*

Leur zèle me prévient, Monseigneur; ce sont elles.

(*Elles entrent toutes troublées*).

BAYARD.

Ah! tant mieux!

SCENE XII.

BAYARD, DONA CARDOVA, LÉONORE, CLARA.

BAYARD.

APPROCHEZ, aimables Demoiselles;
Lorsque le devoir parle, il faut suivre ses loix:
Je voudrois, & ne puis dignement reconnoître
Vos nobles procédés, ainsi que je le dois.

(*A Dona Cardova, lui montrant la cassette*).

Vous m'avez fait ce don? Puisque j'en suis le maître,
J'en puis disposer à mon choix.

(*Aux Filles*).

De deux mille ducats que la somme complette
Se partage entre vous;

(*Mouvement de la part des Demoiselles*).

Sur-tout point de refus;
Ils seroient ici superflus.

(*Il y avoit dans la cassette deux sacs de mille ducats chacun; Bayard les ôte & les donne à chacune des deux Filles; les Filles les rendent à la mère, qui les donnent aux domestiques: Bayard lève le troisième sac, qui est de moitié plus petit, le montre aux enfans, & le remet dans le coffret*).

Pour moi je garde la cassette
Et les cinq cens ducats qui s'y trouvent de plus.

LÉONORE.

Ah! Monseigneur, notre reconnoissance.

BAYARD *avec douceur, mais vîte.*

Paix, paix...

LÉONORE.

Interprêtez du moins notre silence.

(*Marin entre & parle à l'oreille de Bayard*).

BAYARD, *à Marin qui sort.*

Un moment!

(*A Dona Cardova*).

C'eſt à vous que je dois le bonheur
De leur offrir la récompenſe
De leurs ſoins empreſſés, de leur zèle flatteur;
Je vais m'en acquitter au gré de votre cœur,
Par le ſeul prix qui ſoit en ma puiſſance.

(*Bayard fait un pas vers la porte*).

Venez, brave Briſſon, que Cardova s'avance.

SCENE XIII.

LES PRÉCÉDENTS, BRISSON, CARDOVA.

LÉONORE & CLARA *enſemble.*

Mon pére!

D. CARDOVA.

Mon ami!

CARDOVA *l'embraſſe.*

(*à Bayard*).

Ma femme! Ah, Monſeigneur!
Vous nous rendez la vie.

D. CARDOVA.

Et la vie & l'honneur.

BAYARD *gaîment.*

Mes chers amis, avant que je vous quitte,
D'un autre engagement il faut que je m'acquitte.

(*A Madame Cardova*).
Où donc est ma pupille ?

D. CARDOVA.

Ah ! je cours la chercher.

(*Elle sort*).

MARIN *à Bayard.*

Auguste...

BAYARD.

Eh bien ?

MARIN.

Est là : mais, il n'ose approcher.

BAYARD.

Qu'il vienne.

(*Bayard parle bas à Brisson*).

SCENE XIV & *derniere.*

LES PRÉCÉDENS, ISABELLE, AUGUSTE.

BAYARD *à Auguste.*

Je connois toute votre tendresse ;
Isabelle est digne de vous
Par ses attraits, sur-tout par sa sagesse :
Dès demain soyez son époux ;
Voilà cinq cens ducats.

(*Il les tire du coffret & les donne à Auguste, & de la grande cassette les deux cens écus, qu'il donne à Isabelle*).

Je vous les abandonne.

(*A Dona Cardova*).

Madame, c'eſt pour eux que je les ai reçus ;
J'y joints encor deux cens écus.

(*A Iſabelle*).

C'eſt votre dot que je vous donne :
Vous le voyez, le Ciel protège les vertus.

ISABELLE & AUGUSTE.

Ah, Monſeigneur!

BAYARD *leur fait ſigne de ſe taire.*

(*à Cardova*).

Briſſon adore votre fille ;
Un mot m'a découvert le ſecret de ſon cœur.

CARDOVA.

Son choix honore ma famille.

BRISSON *embraſſe Bayard.*

Ah ! mon ami, je vous dois mon bonheur.

BAYARD, *gaîment.*

Si ce jour fut rempli d'allarmes,
Qu'il ſe termine avec gaîté.

BRISSON.

Que votre généroſité,
Preux Chevalier, a fait ceſſer de larmes.

BAYARD.

Nul triomphe à mes yeux n'eut jamais tant de charmes ;
Votre bonheur commun fait ma félicité.

(*A Brisson*).

De ce beau jour la fin seroit plus éclatante,
Si le brave Brisson, en Chevalier courtois,
Aux Dames, à l'instant de nos brillans Tournois,
Donnoit une image galante.

BRISSON.

Volontiers.

CARDOVA *tirant sa bague.*

(*A Bayard*).

Permettez, Seigneur, que ce rubis
Soit le prix qu'au vainqueur assure la victoire.

BAYARD *prend le rubis, qu'il donne à Léonore, & lui dit :*

En le donnant, vos mains en doubleront le prix.
Brisson, mandez nos Chefs.

DONA CARDOVA *à son mari.*

Mais je ne saurois croire
Que si-tôt...

CARDOVA *à sa femme avec transport.*

Tels sont les Français ;
Quand il s'agit d'honneur, quand on parle de gloire,
A toute heure, en tous tems, on les voit toujours prêts.

Fin de la Pièce.

On baisse le rideau pour le lever tout de suite.

Le Théâtre représente la Décoration du premier Acte. Danse des Amoureux, après quoi la trompette annonce la cavalcade; les Chevaliers paroissent; les Dames sont aux balcons.

TOURNOIS.

Brisson remporte le prix, que Bayard lui cède, par courtoisie, en se laissant vaincre. Léonore couronne Brisson; les Chevaliers se mêlent à la danse avec les Dames.

CONTREDANSE GÉNÉRALE.

FIN.

Lu & approuvé, le 13 Novembre 1786. SUARD.

Vu l'approbation, permis d'imprimer. A Paris, ce 13 Novembre 1786. DE CROSNE.

www.ingramcontent.com/pod-product-compliance
Ingram Content Group UK Ltd.
Pitfield, Milton Keynes, MK11 3LW, UK
UKHW021647260726
13994UKWH00003B/1321